Juan sin miedo

Aprendo español con cuentos

Lucila Benítez y María José Eguskiza

ele
Español Lengua Extranjera

SOCIEDAD GENERAL ESPAÑOLA DE LIBRERÍA, S. A.

SGEL

Primera edición, 2005

Produce: SGEL-Educación
          Avda. Valdelaparra, 29
          28108 Alcobendas (Madrid)

© Lucila Benítez
   M.ª José Eguskiza

© Sociedad General Española de Librería, S. A., 2005

ISBN: 84-9778-088-4
Depósito legal: M-6.982-2005
Diseño y maquetación: Rosalía Martínez
Ilustraciones: Anna Pownall

Impresión: Lavel, S.A.

ÍNDICE

Érase una vez un niño que nunca tenía miedo. Le llamaban "Juan sin miedo".

Juan quiere saber qué es el miedo. Una noche, su madre dice:

—Juan, estoy enferma. Vete a casa del médico a buscar mi medicina.

Su amigo el médico se viste de fantasma y asusta a Juan.

—¡Buuuuu! ¡Soy un fantasma y te voy a llevar conmigo! ¡Tiembla, tiembla de miedo!

—¿Miedo yo? —dice Juan—. Tú estás loco.

Juan se marcha de casa porque quiere saber qué es el miedo. Ve un pastor con sus ovejas y dice:

—Soy "Juan sin miedo". ¿Quién me enseña a tener miedo?

El pastor le dice:

—Tengo una charca llena de sapos y culebras. Límpiala, y así aprenderás lo que es el miedo.

Juan llega a la charca. Cuando está metiendo los sapos en un saco, viene una culebra:

—¡Sssssssss! ¡Soy una culebra y te voy a asustar! ¡Tiembla, tiembla de miedo!

—¿Miedo yo? —dice Juan—. Tú estás loca. ¡Ahora verás!— y mete todos los sapos y culebras en el saco.

Juan sigue su camino. Llega a una casa y grita:

—Soy "Juan sin miedo". ¿Quién me enseña a tener miedo?

Una granjera le dice:

—En la cuadra hay muchas arañas. Limpia las telarañas, y así aprenderás lo que es el miedo.

Juan va a la cuadra. Cuando está limpiando, vienen tres arañas grandes:

—¡Tch, tch, tch! ¡Somos las arañas y te vamos a picar! ¡Tiembla, tiembla de miedo!

—¿Miedo yo? —dice Juan—. Estáis locas. ¡Ahora veréis!— y limpia todas las telarañas.

Juan sigue andando. Llega a un pueblo y dice:

—Soy "Juan sin miedo". ¿Quién me enseña a tener miedo?

La jefa de estación le dice:

—El túnel está muy oscuro y necesita luz. Pon esta bombilla y así aprenderás lo que es el miedo.

Juan lleva la bombilla al túnel y se sube en una escalera.

—¡Uuuuuh! ¡Soy la oscuridad y te voy a asustar! ¡Tiembla, tiembla de miedo! —dice la oscuridad.

—¿Miedo yo? —dice Juan—. Tú estás loca, oscuridad. ¡Ahora verás!— y pone la bombilla.

Juan llega al palacio del rey.

—Soy "Juan sin miedo". ¿Quién me enseña a tener miedo?

—Pasa una noche en el castillo encantando y te casarás con mi hija, "Juan sin miedo" —dice el rey.

Juan va al castillo encantado. Por la noche, cuando Juan está durmiendo, se oye un ruido muy fuerte.

—¡Pun, pan, pun! ¡Soy el caballero sin cabeza y te voy a matar! ¡Tiembla, tiembla de miedo!

—¿Miedo yo? —dice Juan—. Tú estás loco.

La cabeza sale corriendo pero Juan, tan tranquilo, sigue durmiendo.

Al día siguiente, Juan se casa con la hija del rey. Por la noche, Juan está muy cansado y se queda dormido. La princesa se enfada porque ronca mucho y grita:

—Soy la princesa y estoy harta. ¡Ahora verás!— y le tira una pecera llena de agua por la cabeza.

"Juan sin miedo", muy asustado, se despierta gritando:

—¡Socorro, socorro, que me ahogo!— y, por primera vez, tiene miedo.

Y así, gracias a su mujer, Juan ya sabe qué es el miedo y...

colorín, colorado,
este cuento se ha acabado.

1. Mira a "Juan sin miedo" y a los otros personajes del cuento. Di dónde están.

2. Elige un personaje y dibújalo.

3. Escucha el cuento y levanta el dibujo cuando hable tu personaje.

4. Escribe el nombre de las cosas que no le dan miedo a Juan.

⭐ Los fantasmas   ⭐ Las culebras

Los fantasmas

⭐ Las arañas   ⭐ La oscuridad
⭐ Los sapos   ⭐ El caballero sin cabeza

Ahora dibuja otras cosas que dan miedo.

5. Haz un móvil de cosas y animales que dan miedo.

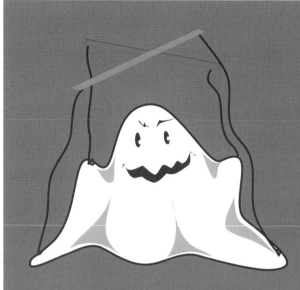

Necesitas:

- ★ Tijeras
- ★ Lápices de colores
- ★ Una cartulina
- ★ Un cordel fino
- ★ Palitos de madera
- ★ Pegamento

Instrucciones

1. Dibuja seis cosas que dan miedo.
2. Coloréalas a tu gusto y pégalas en la cartulina.
3. Haz un agujero en la parte de arriba de cada una.
4. Refuerza los agujeros.
5. Ata con cuidado los trozos de cordel a las figuras y a los palitos.

6. Une el diálogo y las imágenes. Memoriza lo que dice tu personaje.

A

1. —¡Buuuuu! ¡Soy un fantasma y te voy a llevar conmigo! ¡Tiembla, tiembla de miedo!
—¿Miedo yo? —dice Juan—. Tú estás loco— y empieza a darle palos.

2. —¡Ssssssssss! ¡Soy una culebra y te voy a asustar! ¡Tiembla, tiembla de miedo!
—¿Miedo yo? —dice Juan—. Tú estás loca. ¡Ahora verás!— y mete todos los sapos y culebras en el saco.

B

3. —¡Tch, tch, tch! ¡Somos las arañas y te vamos a picar! ¡Tiembla, tiembla de miedo!
—¿Miedo yo? —dice Juan—. Estáis locas. ¡Ahora veréis!— y limpia todas las telarañas con un trapo.

4. —¡Uuuuuh! ¡Soy la oscuridad y te voy a asustar! ¡Tiembla, tiembla de miedo!—dice la oscuridad.
—¿Miedo yo? —dice Juan—. Tú estás loca, oscuridad. ¡Ahora verás!— y pone la bombilla.

5. —¡Pun, pan, pun! ¡Soy el caballero sin cabeza y te voy a matar! ¡Tiembla, tiembla de miedo!
—¿Miedo yo? —dice Juan—.
La cabeza sale corriendo pero Juan, tan tranquilo, sigue durmiendo.

6. —Soy la princesa y estoy harta. ¡Ahora verás!— y le tira una pecera llena de agua por la cabeza.
"Juan sin miedo", muy asustado, se despierta gritando:
—¡Socorro, socorro, que me ahogo!

7. Escribe las profesiones.

1. Médico
2. Granjera
3. Rey
4. Jefa de estación
5. Princesa
6. Pastor

Médico
....

....

 . Juega. Adivina la profesión de tu compañero/a.

 Profesora
Peluquero
Oficinista
Tendero

Fotógrafa
Taxista
Policía
Conductora de autobús

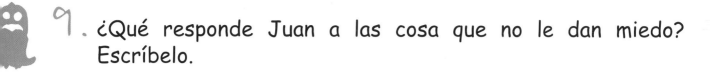

9. ¿Qué responde Juan a las cosa que no le dan miedo? Escríbelo.

10. Busca el final de cada frase. Resume la historia.

A. Juan nunca tiene miedo y...

B. El mèdico se viste de fantasma...

C. Juan limpia la charca del pastor...

D. Luego limpia las telarañas de la cuadra de la granjera...

E. Juan no tiene miedo a la oscuridad...

F. Juan va al castillo del rey...

G. La princesa se enfada porque Juan ronca...

1. ...para asustar a Juan.

2. ...quiere saber qué es.

3. ...y le asusta cuando le tira agua por la cabeza.

4. ...y no tiene miedo de las arañas.

5. ...y no tiene miedo de los sapos y las culebras.

6. ...y no tiene miedo del caballero sin cabeza.

7. ...y pone una bombilla en el túnel de la jefa de estación.

11. Y tú, ¿qué quieres ser de mayor? Elabora una gráfica.

12. Elige un papel y representa el cuento.

Actividades individuales

1. Completa el siguiente crucigrama.

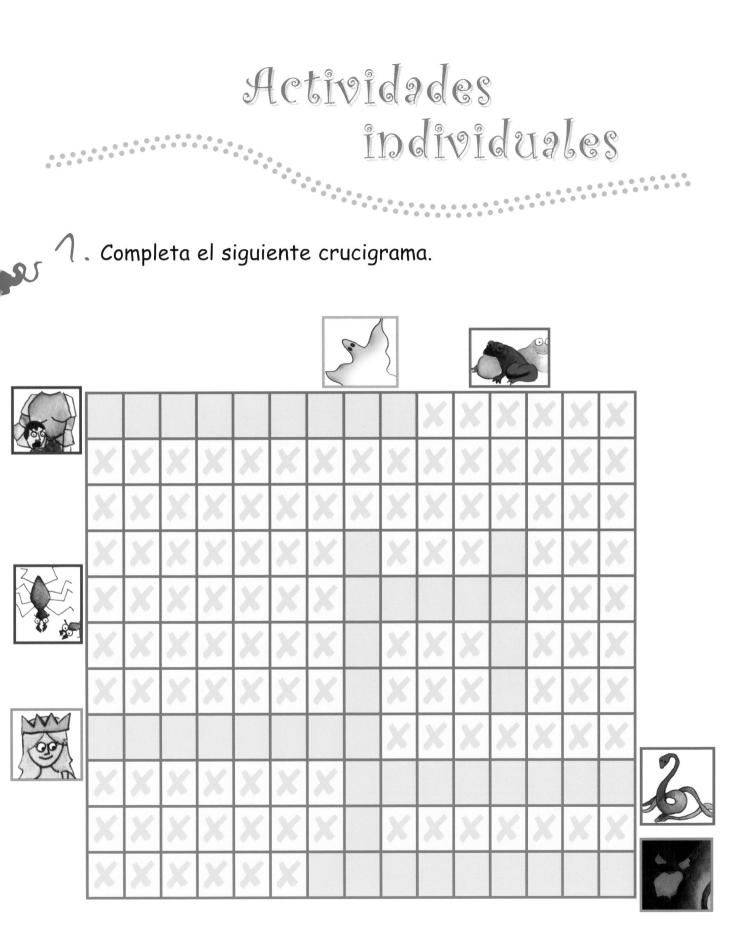

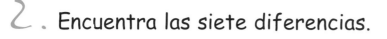

2. Encuentra las siete diferencias.

A

B

En la imagen A:

⭐ Juan está durmiendo.

⭐ La princesa está enfadada.

⭐ _____

⭐ _____

⭐ El pez es rojo.

⭐ La princesa es rubia.

⭐ Juan tiene barba.

En la imagen B:

⭐ Juan está..._____

⭐ _____

⭐ La princesa no lleva corona.

⭐ Hay dos peces en la pecera.

⭐ _____

⭐ _____

⭐ _____

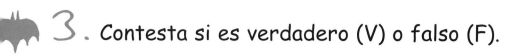

3. Contesta si es verdadero (V) o falso (F).

	V	F
1. Juan es un muchacho que no tiene miedo.		
2. El médico se viste de fantasma para asustar a Juan.		
3. Juan tiene miedo de la culebra.		
4. Juan limpia las telarañas de la cuadra.		
5. Las arañas pican a Juan.		
6. Juan pone la bombilla en el túnel y no tiene miedo.		
7. Juan pasa una noche en el castillo encantado.		
8. La cabeza del caballero sale corriendo.		
9. Juan se casa con la hija del rey.		
10. La princesa asusta a Juan por la noche.		

4 . Completa el resumen del cuento.

Juan quiere saber lo que es el .... Un día el ....
se viste de fantasma para asustar a ...., pero Juan no se asusta.
Se marcha de casa y se encuentra con un .... con sus ovejas.
El pastor le dice: "Limpia la charca de .... y .... y
así sabrás lo que es el .... ". Pero Juan no se asusta. Luego,
una .... le pide que limpie su cuadra de .... Vienen tres
.... grandes pero Juan no se asusta. La jefa de la
.... le dice que ponga una bombilla en un .... muy
oscuro. Pero Juan no se asusta. Después el .... le dice que pase
la noche en el .... encantado. Pero Juan no se asusta. Juan se
casa con la .... y así conoce el ....

1. arañas
2. castillo
3. culebras
4. estación
5. granjera
6. Juan
7. médico
8. miedo
9. miedo
10. miedo
11. pastor
12. princesa
13. rey
14. sapos
15. telarañas
16. túnel

S. Separa las frases que están el caracol.

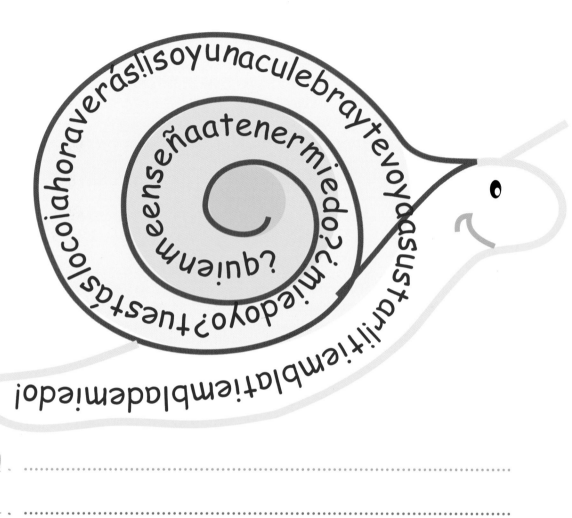

1. ....
2. ....
3. ....
4. ....
5. ....
6. ....

6. Encuentra ocho palabras en esta sopa de letras.

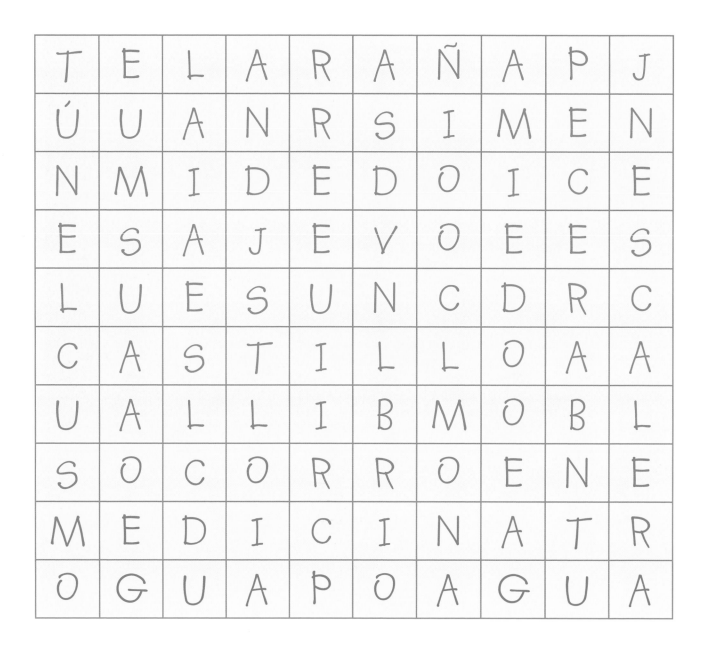

T	E	L	A	R	A	Ñ	A	P	J
Ú	U	A	N	R	S	I	M	E	N
N	M	I	D	E	D	O	I	C	E
E	S	A	J	E	V	O	E	E	S
L	U	E	S	U	N	C	D	R	C
C	A	S	T	I	L	L	O	A	A
U	A	L	L	I	B	M	O	B	L
S	O	C	O	R	R	O	E	N	E
M	E	D	I	C	I	N	A	T	R
O	G	U	A	P	O	A	G	U	A

Guía
del
profesor

El cuento de Juan sin miedo es un relato tradicional que nos parece interesante por la cantidad de personajes que intervienen, por ofrecer grandes posibilidades para su representación en clase y por presentar la característica de la reiteración de frases que resulta muy atractiva para los niños y niñas y especialmente eficaz para conseguir una memorización significativa y permanente.

En cuanto a las actividades, consideramos que es el propio cuento el que, en cierta medida, exige un tipo de actividad u otra y el que, como el guiso a la buena cocinera, le va "pidiendo" los ingredientes y las cantidades concretas y precisas para conseguir el resultado más sabroso. En nuestro caso, el resultado más sabroso siempre es el más motivador y, por tanto, el más eficaz.

En este sentido parece interesante establecer como principio fundamental la importancia de conseguir la atención y el interés de la clase. Para ello es necesario ser flexibles y adaptar la propuesta que aquí se ofrece a las características específicas del grupo al que se dirige la intervención. Cuando las autoras proponen un uso de los materiales, la profesora deberá pensar en su clase y modificar, suprimir o añadir según las necesidades de su grupo. La nuestra es una propuesta abierta que sin duda se verá enriquecida con las aportaciones y puestas en práctica de cada profesor y profesora en su aula.

Se ha intentado incluir un número equilibrado de actividades dirigidas al desarrollo de las destrezas lingüísticas: comprensión auditiva, expresión oral, comprensión de lectura y expresión escrita, buscando un desarrollo compensado de las mismas, sin olvidar que, sobre todo en los primeros niveles, son las de índole oral las que más tiempo nos deben ocupar. En este sentido, hemos incluido la propuesta de dramatización de la historia porque nos parece que la memorización significativa y contextualizada es un método extraordinario de aprendizaje que puede acabar siendo permanente si se facilitan al alumnado las estrategias que le posibiliten integrarlo en la construcción de su proceso.

ACTIVIDADES PARA LA CLASE
(Explotación pedagógica)

1. Mira a "Juan sin miedo" y a los otros personajes del cuento. Di dónde están.

Se trata de una actividad de presentación. Mostramos al alumnado las imágenes de los personajes que van a participar en el cuento y les pedimos que anticipen las relaciones entre ellos, dónde están, qué hacen, etc. La profesora podrá proporcionar el vocabulario necesario a través de actividades de gran grupo que sirvan para asegurar que todo el mundo recuerda o aprende a decir dónde se encuentran los personajes de la historia. Así por ejemplo, se nombran los lugares y se pide al alumnado que diga quién está en cada sitio; luego se formulan frases para que el alumnado decida si son verdaderas o falsas.

Ejemplo: El rey está en el túnel.

A continuación se pregunta al alumnado qué cree que va a ocurrir en este cuento. Se utilizará para ello la lengua materna.

2. Elige un personaje y dibújalo.

Conviene orientar al alumnado para que todo el mundo elija un personaje diferente. Se puede hacer por sorteo o a sugerencia de la profesora. Una vez decidido quién será cada uno, se pide al alumnado que dibuje su personaje.

La clave de esta actividad es que se desarrolle íntegramente en español: tanto las instrucciones que el alumnado debe seguir, como las peticiones de material al resto de la clase y a la profesora deberán hacerse en la lengua de aprendizaje.

3. Escucha el cuento y levanta el dibujo cuando hable tu personaje.

Utilizando los dibujos realizados en la actividad anterior y tras haber repasado los nombres de los mismos a través de una actividad en la que cada persona se presenta como el personaje de su dibujo, (ejemplo: "Yo soy la araña") se escucha el cuento. Se pide al alumnado que esté atento a la audición y que levante su dibujo cada vez que se menciona a su personaje y cada vez que éste hable.

4. Escribe el nombre de las cosas que no le dan miedo a Juan.

El alumnado mira todas las cosas a las que Juan va a enfrentarse y las nombra en gran grupo.

La profesora escribe los nombres que vayan saliendo en la pizarra y pide al alumnado que complete el ejercicio.

Los fantasmas   Las culebras   La oscuridad

Las arañas   Los sapos   El caballero sin cabeza

Una vez terminada la actividad, se pide a los alumnos y alumnas que nombren cosas que dan miedo y las dibujen en un trozo pequeño de papel ya que se necesitarán así para la actividad siguiente. Se trata de que los alumnos se enfrenten a sus miedos al esforzarse por representarlos.

5. Haz un móvil de cosas y animales que dan miedo.

Se pide al alumnado que se esmere en los dibujos del apartado anterior y los pegue en la cartulina. A continuación se recortan y se hace un agujero en la parte de arriba de cada uno de ellos, con mucho cuidado. Se refuerza con arandelas de papel celo. Luego se pasan con cuidado los trozos de cordel por los agujeros y se atan por un extremo a los dibujos y por otro a los palitos. Finalmente se cuelgan por la clase.

La clave está en el uso constante del español a lo largo de todo el proceso de construcción del móvil.

Al final se puede pedir al alumnado que presente a la clase su móvil y diga a qué tiene miedo o qué le da miedo.

Ejemplo: Me dan miedo los monstruos./Tengo miedo a Drácula.

6. Une el diálogo y las imágenes. Memoriza lo que dice tu personaje.

En esta actividad aparecen las imágenes de los personajes y los diálogos entre éstos. La clase tiene que unir cada texto con el personaje correspondiente; luego animamos a los niños y niñas a que, en grupos, representen el diálogo que les corresponde.

Posteriormente, cuando toda la clase lo haya memorizado, se puede presentar ante el grupo y, si se cuenta con los medios necesarios, podemos grabarlo en vídeo.

7. Escribe las profesiones.

Se inicia la actividad con una ronda de preguntas para que los alumnos y alumnas reconozcan las profesiones que han salido en la historia.

Si recuerdan todas, se puede pedir, sin preámbulo, que las escriban debajo del dibujo correspondiente. Si no, la profesora ayudará a través de preguntas hasta conseguir que aparezcan todas.

A continuación se pide al alumnado que complete la actividad.

Médico	Granjera	Pastor
Jefa de estación	Rey	Princesa

8. Juega. Adivina la profesión de tu compañero/a.

A través de una técnica de torbellino de ideas, se trata de que el alumnado diga todas las profesiones que conoce en español.

La profesora puede recoger todas las aportaciones y escribirlas en la pizarra. Si no son suficientes, ella podrá proponer otras hasta completar las que figuran en el dibujo.

A continuación, los niños y niñas hacen un juego de mimo. Una persona se levanta, le dice a la profesora cuál de las profesiones nombradas elige y la representa ante el resto de la clase. Quien acierte la profesión a la que se refiere prueba con otra, hasta que la clase las ha adivinado todas.

9. ¿Qué responde Juan a las cosas que no le dan miedo? Escríbelo

La profesora pide a la clase que recuerde la respuesta de Juan a las cosas que no le dan miedo pero intentan asustarle. Con las aportaciones de todo el grupo, escribe la respuesta en la pizarra para que los alumnos y alumnas la copien.

¿Miedo yo? Tu estás loco/¿Miedo yo? Tu estás loca

10. Busca el final de cada frase. Resume la historia.

Se propone a la clase una actividad de lectura y escritura muy sencilla para recordar el cuento.

En un primer paso, pedimos a los niños y niñas que lean el ejercicio y sugieran cómo debe terminar cada frase de la primera columna eligiendo una en la segunda. Después de una puesta en común oral, puede pedirse que copien el resumen resultante en su cuaderno.

SOLUCIÓN: a2, b1, c5, d4, e7, f6, g3.

11. Y tú, ¿qué quieres ser de mayor? Elabora una gráfica.

Se inicia la actividad con una pregunta en círculo:

Ejemplo: ¿Qué quieres ser de mayor?

Cada persona responde a la de su derecha y pregunta a la de su izquierda. La profesora proporciona el vocabulario necesario cuando se desconozca la palabra en español.

El alumnado podría consignar los datos sobre sus compañeros en una tabla:

			Secretario/a	Taxista	Veterinario/a	Actor/actriz	Deportista	Cantante	etc...
Antón									
Mary									
Luca									
Tao									
Ronaldo									
Sabina									

Los datos recogidos en el ejercicio anterior pueden servir de base para que los niños y niñas calculen el porcentaje de personas de la clase que quieren tener uno u otra profesión. Los resultados se reflejan posteriormente en una gráfica que puede elaborarse rudimentariamente en el cuaderno. Si la escuela cuenta con ordenadores, la gráfica puede realizarse en ellos reforzando así el aprendizaje de su uso.

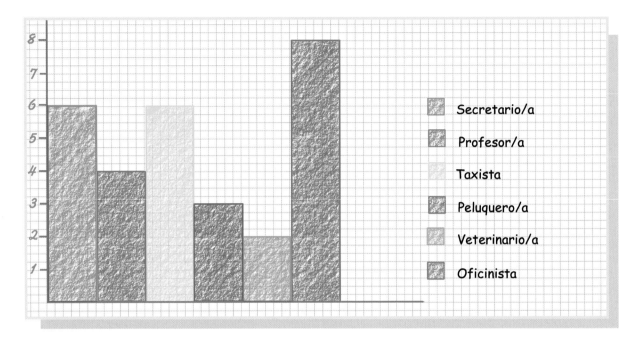

12. Elige un papel y representa el cuento.

Se reparten los papeles y se lee la historia en grupo. Cada persona debe memorizar su parte de diálogo así como las entradas que debe hacer.

Para la representación, recuperamos los dibujos que hicimos en el segundo ejercicio de esta propuesta de actividades y se cuelgan con unos imperdibles en la camisa. La historia se representa en clase y, si es posible, se graba en vídeo para poder comentarla analizando la lengua y las actuaciones.

Al final, se representa el cuento ante otras clases, toda la escuela y/o las madres y los padres.

1. Completa el siguiente crucigrama.

C	A	B	A	L	L	E	R	O	X	X	X	X	X	X
X	X	X	X	X	X	X	X	X	X	X	X	X	X	X
X	X	X	X	X	X	X	X	X	X	X	X	X	X	X
X	X	X	X	X	X	X	F	X	X	X	S	X	X	X
X	X	X	X	X	X	X	A	R	A	Ñ	A	X	X	X
X	X	X	X	X	X	X	N	X	X	X	P	X	X	X
X	X	X	X	X	X	X	T	X	X	X	O	X	X	X
P	R	I	N	C	E	S	A	X	X	X	X	X	X	X
X	X	X	X	X	X	X	S	A	R	B	E	L	U	C
X	X	X	X	X	X	X	H	X	X	X	X	X	X	X
X	X	X	X	X	X	D	A	D	I	R	U	C	S	O

2. Encuentra las siete diferencias.

En la imagen A:

⭐ Juan está durmiendo.
⭐ La princesa está enfadada.
⭐ La princesa lleva corona.
⭐ Hay un pez en la pecera.
⭐ El pez es rojo.
⭐ La princesa es rubia.
⭐ Juan tiene barba.

En la imagen B:

⭐ Juan está despierto.
⭐ La princesa está contenta.
⭐ La princesa no lleva corona.
⭐ Hay dos peces en la pecera.
⭐ Los peces son naranja.
⭐ La princesa es morena.
⭐ Juan no tiene barba.

3. Contesta si es verdadero (V) o falso (F).

	V	F
1. Juan es un muchacho que no tiene miedo.	X	
2. El médico se viste de fantasma para asustar a Juan.	X	
3. Juan tiene miedo de la culebra.		X
4. Juan limpia las telarañas de la cuadra.	X	
5. Las arañas pican a Juan.		X
6. Juan pone la bombilla en el túnel y no tiene miedo.	X	
7. Juan pasa una noche en el castillo encantado.	X	
8. La cabeza del caballero sale corriendo.	X	
9. Juan se casa con la hija del rey.	X	
10. La princesa asusta a Juan por la noche.	X	

4. Completa el resumen del cuento.

Juan quiere saber lo que es el **miedo**. Un día el **médico** se viste de fantasma para asustar a **Juan**, pero Juan no se asusta. Se marcha de casa y se encuentra con un **pastor** con sus ovejas. El pastor le dice: "Limpia la charca de **sapos** y **culebras** y así sabrás lo que es el **miedo**". Pero Juan no se asusta. Luego, una **granjera** le pide que limpie su cuadra de **telarañas**. Vienen tres **arañas** grandes pero Juan no se asusta. La jefa de la **estación** le dice que ponga una bombilla en un **túnel** muy oscuro. Pero Juan no se asusta. Después el **rey** le dice que pase la noche en el **castillo** encantado. Pero Juan no se asusta. Juan se casa con la **princesa** y así conoce el **miedo**.

5. Separa las frases que están el caracol.

¿Quién me enseña a tener miedo?
¿Miedo yo?
Tu estás loco.
¡Ahora verás!
¡Soy una culebra y te voy a asustar!
¡Tiembla, tiembla de miedo!

6. Encuentra ocho palabras en esta sopa de letras.

T	E	L	A	R	A	Ñ	A	P	J
Ú	U	A	N	R	S	I	M	E	N
N	M	I	D	E	D	O	I	C	E
E	S	A	J	E	V	O	E	E	S
L	U	E	S	U	N	C	D	R	C
C	A	S	T	I	L	L	O	A	A
U	A	L	L	I	B	M	O	B	L
S	O	C	O	R	R	O	E	N	E
M	E	D	I	C	I	N	A	T	R
O	G	U	A	P	O	A	G	U	A